Traudl Schmitt

Lass die Sonne aufgehn in dir

Gedichte & Betrachtungen

mit Gemälden von
Maria Fischbacher-Jaehner

Bibliografische Information Der Deutschen Bibliothek
Die Deutsche Bibliothek verzeichnet diese Publikation in Der Deutschen Nationalbibliografie;
detaillierte bibliografische Daten sind im Internet über http://dnb.ddb.de abrufbar.

edition Wort
Blumenstraße 1
66636 Tholey - Hasborn

+49 (0)6853 86 13 66

www.edition-wort.de
verlag@edition-wort.de

Veränderte Neuauflage

Satz / Umschlag by edition Wort

Hergestellt in Deutschland

Gedruckt auf 90g-Qualitätspapier, säure-, holz- und chlorfrei und alterungsbeständig nach ISO 9706

Schrift: Almeria

ISBN 978-3-936554-35-9

Traudl Schmitt

Lass die Sonne aufgehn in dir

Gedichte & Betrachtungen

mit Gemälden von
Maria Fischbacher-Jaehner

Verzeichnis der Bilder

Umschlag, S. 10: Du und Ich.
Acryl- Mischtechnik auf Leinen,

S. 17: Licht der Freude.
Acryl- Mischtechnik auf Leinen,

S. 21: Unendliche Wege.
Collage, Ac-ryl- Mischtechnik,

S. 29: Licht ist Suchen.
Collage in Acryl- Mischtechnik,

S. 37: Fang die Sonnenstrahlen ein.
„Stiefmütterchen", Aquarell,

S. 48: Moon. Aquarell,

S. 57: Lebendigkeit. Aquarell,

S. 64: Menschen im Licht.
Acryl- Mischtechnik auf Leinen,

S. 80: ohne Titel.
Acryl-Mischtechnik auf Leinen.

Lass die Sonne aufgehn in dir

Nach heftigen Gewittern, Stürmen und Nebel geht plötzlich wieder die Sonne auf. Der Wind legt sich, die Landschaft atmet Frische und Weite. Trübe Wolken jagen in die Ferne, der Himmel wird hell - und wir fühlen uns verändert. Eine Wohltat nach der Schwüle, dem Niedergedrücktsein und der Dunkelheit, wenn sich neue Wege zeigen. Tiefes Aufatmen nach dem Loslassen der Schwere und dann - nach Überlegen und Erkennen - und manchmal auch von selbst - ein leichtes Lebensgefühl! Im ständigen Wandel des Lebens und der Naturereignisse wird es in uns wieder licht.
Die zum Teil ohne Reim geformten Texte in meinem Buch sprechen von Lebenserfahrungen, denen ich neben einigen kritischen Aussagen meistens die heitere Seite abgewinne. So möchte ich auf das Positive und Lebenswerte aufmerksam machen, denn der Alltag trägt uns leichter, wenn die Sonne scheint.
Wer Lebenshilfe sucht, findet hier Anregung und Ermunterung.
Die Gemälde wurden gestaltet von der Künstlerin Maria Fischbacher-Jaehner aus Walchsee/Tirol.
Texte und Gemälde stellen eine Einheit in der Harmonie des Wortes mit Farben und Bild dar.

Ihre Traudl Schmitt

Lebenskraft
Die Farben
unseres Lebens
Traudl Schmitt

Traudl Schmitt,

lebt in Höhr-Grenzhausen. Jahrgang 1938. Sie war tätig in der Auslandskorrespondenz eines Industriebetriebes. Sie ist verheiratet und hat drei Kinder. Seit 1982 ist sie schriftstellerisch tätig,
Sie ist bekannt durch zahlreiche Buchveröffentlichungen, Lesungen, Vorträge und Rundfunkbeiträge und durch Beiträge in Zeitungen und Zeitschriften.
Sie schreibt Lyrik und Prosa: Gedichte, Aphorismen, Erzählungen, Betrachtungen und Märchen.
Die Themen sind heiter und romantisch, zeitkritisch und lebensbejahend.
Zahlreiche Natur- und Liebesgedichte, kritische Gedichte, Lyrik über Lebenswerte. Ein Teil der Texte vermittelt Aufmunterung, Vertrauen und Lebenshilfe.
Veröffentlichungen im Don Bosco Verlag, München, Lahn-Verlag, Kevelaer, Art und Grafik Verlag, Ettlingen. Beiträge in Anthologien.

Die Autorin ist Mitglied der Autorenrunde im Steinbach-Ensemble, Baden-Baden

Maria Fischbacher-Jaehner,

aus Walchsee/Tirol.
Sie ist eine bekannte Malerin in Österreich, Deutschland und der Schweiz. Sie gestaltete bisher mit Ihren Gemälden sieben Geschenkbücher von Traudl Schmitt.
Aufbruch, Entfaltung, Kraft, Harmonie, Begegnung heißen ihre Bilder, die viel über den Menschen, die Frau und Malerin Maria Fischbacher-Jaehner sagen.
Ihre Bilder: Großzügige Kompositionen, kraftvolle Formen, befreite Farben ... spontanes, unbefangenes Herangehen an die Themen, geprägt von elementarer Malfreude. Natur, Reisen, Begegnungen mit Menschen und dem eigenen Ich liefern die Bildideen.
Sie ist verheiratet, hat drei erwachsene Kinder und ist erfolgreiche Managerin und herzliche Gastgeberin im familieneigenen Hotel Schick in Walchsee/Tirol.

www.hotelschick.com

maria@hotelschick.com

Wären mir als Kind schon
alle Wunschvorstellungen
erfüllt worden,
dann hätte sich ein Flügel weniger
an meinen träumerischen Schwingen
entwickelt.
Dadurch, dass ich nicht alles
sehen und erhalten konnte,
haben die Wunschträume
meine Phantasie beschäftigt
und den Motor zum weiteren
gedanklichen Erforschen
angetrieben.

Wenn du nur mit dem Verstand
den Dingen und den Menschen
gegenüberstehst,
wirst du kritisch betrachten,
abwägen, voreingenommen sein.
Und du bemerkst vielleicht nicht,
dass dir so viel Bedeutungsvolles
verlorengeht.

Erstaunlich,
wie sich das Leben verkettet,
wie es Schlingen sucht,
nicht nur zum Einengen
und zur Unfreiheit,
sondern zum Verbinden miteinander,
zum Zusammenfügen und
Verschmelzen des Gemeinsamen,
zu unserem Schutz
und vor allen Dingen zum Wohlfühlen.

Kleine Inseln

Manchmal sehnst du dich nach kleinen Inseln zum Ausruhen und Träumen. Du möchtest dann aus der kahlen Wirklichkeit in andere Bereiche entfliehen, wo du wieder Hoffnung und Lebensfreude finden kannst.

Es gibt nicht nur den Wechsel im Leben, sondern auch Hinweise und Anziehungspunkte.

Du kannst dann erfahren, dass es sich lohnt, durchzuhalten, stark zu sein, um wieder Kräfte zu gewinnen.

Es liegen nicht nur dunkle, sondern immer wieder sonnige Wege vor dir.

Die Seele braucht Flügel,
die sie emporschwingen,
ein positives Echo,
das ihr Freude bringt,
ein Anregen
durch der Erfahrung Gewinn
und das Erleuchten
für des Lebens Sinn.

Die Gedanken kommen
den Gefühlen entgegen.
Sie grüßen freundlich
und einschmeichelnd.
Ich lächle sie kurz an
und kenne meine Pflichten heute,
weshalb ich sie leider stehen lasse
und mit meinen Aufgaben
an diesem Tag weiterrenne.

Das Leben ist voll unerfüllter Träume.

Wäre es nicht so,
dann hätte unsere Seele
keine Bekanntschaft
mit dem Beeindruckenden gemacht,
das uns zu der Geburt
unserer Sehnsucht emportrug.

Manchmal schwebe ich,

weil ich Sorgen
und Belastungen kenne.

Ich bleibe auf der Erde,
wenn ich Anerkennung
und Zuneigung erfahren darf.

Reifezeit - die Zeit im Wandel

Die Reifezeit geht nun dahin,
sie blättert ab, kann nicht mehr prahlen,
die klare Schönheit wird entfliehn,
Vergänglichkeit auf Herbstlaub malen.

Der Nebel wallt schon auf den Flüssen,
das Bächlein haucht die Kühle aus,
Dunst tanzt über Feld und Wiesen,
die Welt wird klein vor meinem Haus.

Es friert im Wald der kahle Ast,
es webt das Raureif-Filigran im Strauch,
es ächzen Bäume unter Sturmes Last,
zu grauen Wolken steigt der Täler Rauch.

Im Wandel sich die Welt verkleidet,
erst trägt sie bunt, dann graue Fetzen,
entblößt der Herbst mit Hoffnung scheidet,
es kehrt zurück,
was wir geliebt und auch besessen.

Spätherbst

Der Tag erwacht
im stillen Nebelland.
Schwarzer,
glänzender Asphalt
unter meinen Schritten.

Das Rascheln der Blätter
hat der Regen gestillt.

Ich wage kaum zu atmen.
Im Geäst des Ahornbaumes
noch ein Blatt.

Stunden
im Novemberdunst
fliehen
in die mittägliche
Helle,

wissen
um die Gunst
der Zeit,

bevor
der Sturm
den Tag
zerreißt.

Unser Weg

Die eine Seite
unseres Lebens
trägt die Last,
entbehrt,
gibt sich her

für die
andere Seite
der Erfüllung,
des Friedens
und der Freude.

Dazwischen
liegt
unser Weg,
auf dem
wir reifen.

Verlassenheit

Es schneit die Welt
das Dunkel zu
die Kälte zittert
am Geäst
entblößter
Menschlichkeit
und Raureif
hüllt höhnend
Verlassenheit ein

Im Frostboden
noch ein Kern
Erfrieren
oder
Neubeginn

Raureif

Geschmückte Natur
in kalter Schönheit
von kurzer Lebensdauer

äußerer Glanz
ohne Kern und Blüte

Sinnbild
und Gleichnis

vielleicht
auch die Krone
in der Verheißung
der Umwandlung

Ein Wintermorgen

Der Atem der Natur
liegt unter Eis und Schnee,
kein Windhauch
streichelt die Äste,
die Landschaft
schläft sich aus,
bis dann der Morgen
seine Farben wechselt.

Im Frühtag hat der Himmel
sich von der Erde still getrennt,
Schnee leuchtet vor goldenen Häusern,
und auch der Wintermorgen
feiert Auferstehen.

Neben dem mattgelben
Gesicht der Sonne
zeigt der östliche Horizont
sich recht vergnüglich
im hellen Schmunzeln.

Leben

entfaltet sich auch
in unseren
dunklen Tagen.

Wir sehen
vieles nicht,
das in uns wächst.

Dennoch kommt es
an einem bestimmten Tag
zum Blühen
und schenkt dem Leben
wieder Sonne.

Hoffnung

In jedem Vorgang
des Lebens
keimt die Hoffnung
im Frühling
das Aufblühen
des Versprechens
und im Herbst
beim Verlassen
die Gewissheit
dass alles Leben
den Wandel vollzieht

Aus erstarrtem Boden
und an kahlen Ästen
werden wieder
Blüten treiben

Vertrauen

Vertraue jedem neuen Morgen,
der Licht erweckend aus der Nacht ersteht,
das Junge keimt und wächst
- zunächst im Wunder noch ver-borgen -,
weil mit der neuen Zeit
das Leben wieder aufersteht.

Wie jeder Anfang eine Hoffnung trägt
und kraftvoll unser Tun beflügelt,
so sehen auch wir,
dass in der Angst und Last
sich immer wieder eine Sonne spiegelt.

Vertrau dem neuen Tag,
dem Gott den Sinn und Segen gibt,
nimm die Gezeiten deines Lebens wahr
und hab ein Herz,
das glauben kann und liebt.

Die Last der Tage
wiegt den frühen Morgen schwer

Ich stehe auf
um in mir aufzuräumen

Deine Stimme
im flutenden Licht
des Frühlingstages

Ich sehe klarer
meine Richtung

Wie kraftvoll
können
Sonnentage sein -
mit Wärme,
die ins Innere
scheint,

verwandelt,
verzaubert -
Leben mit Flügel ...

Sternstunden unseres Lebens
spielen mit den Sonnenfarben.
Sind wir geöffnet,
gelangen Glanz und Strahlen
nach innen.
Sie werden in der Bewegung
unseres Lebens
Oasen der Ruhe und
Freundschaft beleuchten.

Herzlichkeit
ist der frohe Ausdruck,
das Schöne
erkannt zu haben
und zu lieben.
Du wirst
dem Alltag
mit einem Lächeln
gegenüberstehen.

Der Anfang

Ein neuer Anfang
ist Quellenaufbrechen.
Wie im jungen Trieb,
der die Erde durchstoßen
und kraftvoll wachsen will,
liegt im Anfang Lebendigkeit.
Er ist Höhenflug
in der Wohltat der Befreiung
nach dem Verzeihen.

In jedem Anfang
fließen Helle und Aufmunterung.

Wer dies erfahren hat,
wird nicht ohne Hoffnung sein.

Ausgeglichenheit

Aus einer durchgestandenen Schwäche wieder herausgekommen, formt sich der Mensch zur Stärke.
Wer Schwächen und Ängste ausgestanden und besiegt hat, kann wachsen.

Ein ausgeglichenes Leben besteht aus der Kunst, die im Menschen sich bewegenden Gegensätzlichkeiten richtig zu verteilen, abzuwägen und auszubalancieren.

Ausgeglichenheit bedeutet Ordnung der Seele, die nicht durch Verdrängen entstanden ist. Das Erlebte soll verarbeitet und zugeordnet werden.

Und das ist die große Kunst, das uns Zugedachte, Zugefügte und Geschenkte jeweils auf die richtige Seite unseres Menschseins zu stellen.

Erfüllung

Erfüllung ist Abgeschlossenes und
Anfang.
Sie beflügelt und erhebt,
lässt aufstehen, wach sein
und vorwärtsgehen.

Wir dürfen ein kleines Geheimnis haben,
ein Sehnen, das uns immer wieder
zu etwas Besonderem hinzieht.

Auch wenn Sehnsucht und Wünsche
sich nicht erfüllen,
schreiten wir trotzdem wieder
neuen Anziehungspunkten entgegen.
Und in diesem Vorwärtsgehen
können wir schon
einen Teil der Erfüllung finden.

Lassen wir in uns
die Sonne aufgehen,
damit wir
mit den Flügeln
des Sommers
in die Weite ziehen,
ohne uns selbst
zu verlassen,
leicht sein
ohne Leichtsinnigkeit
und vor allen Dingen
das Leben
wieder lieben.

Deine stille Zeit
ist mein Warten
in der grauen Kühle
eines unentschlossenen Sommers

Das Wetter schlägt um
Über der feuchten Erde
streut die Sonne Reife aus
Farben und Schatten
tanzen im Licht

Du kommst
und singst ein Lied
in die neue Zeit

Ich habe das Leben
leicht empfunden,
als wir uns fanden.
Jetzt hat es mehr Gewicht,
und dadurch trägt es mich
in nahen und
auch fernen Stunden.

Ich bin nicht mit meinem Leben
zufrieden,
wenn ich alles besitze
und keine Wünsche mehr habe.
Ich bin dann glücklich,
wenn ich von vielen Wünschen
erfüllt bin,
weil sie so lebendig machen.

Abendspaziergang

Lautlos liegen Wald und Flur,
es dauert eine Stunde nur,
bis am ergrauten Waldessaum
der Tag verliert im Abendtraum.

Ich fand die Ruhe und das Schweigen
an meinem Weg, den ich gern geh,
bald wird der Himmel Sterne zeigen
und über allem Schlafen
ein Geheimnis stehn.

Verborgenes

Wenn es nicht die Sehnsucht gäbe,
dann wären wir nicht so unruhig
und auch nicht so lebendig,
unseren Wünschen entgegenzugehen.
Es ist das Warten auf Unvermutetes
und Unverhofftes.

Ein Anspruch meldet sich,
etwas zu suchen,
das wir noch nicht kennen.

Eine neue Begegnung,
ein Gleichklang für unseren Geist,
verleihen Lebensfreude,
die dem Leben Spannkraft gibt.

Unerreichbares

Das Sehnen
nach dem Unerreichbaren
beflügelt die Phantasie.

Ob das angeblich Unerreichbare
einmal erreichbar wird?
Geheimnisvolles Abwarten
vor dem Tor der Erfüllung.

Wir werden bewegt,
wenn wir uns zu etwas Großem
hingezogen fühlen.

Das Unerreichbare scheint
deshalb so wertvoll,
weil es Unerwartetes beleuchtet.
Ihm entgegenzugehen,
ist eine Entdeckungsreise
in unserem Leben.

Den Reichtum weitergeben

Was wäre das Leben ohne Traum,
ohne Hoffnung,
ohne Fühlen
und ohne Sympathien?

Diese Werte
schließen das Sehnen ein
nach dem Göttlichen
und Unendlichen.

Und wenn du
diese Fülle spürst,
kannst du weitergeben,
mitteilen
und geöffnet sein.

Du kannst Verständnis finden
für den anderen.
Zeig ihm die Richtung
mit deiner Freundlichkeit
und Sympathie!

Und du wirst jeweils
eine Freude dazugewinnen.

Das Annehmen
und das Auseinandersetzen
mit den Dingen
stützen
unsere Tragfähigkeit.

Wenn die Gedanken
nicht abgeschoben
und verdrängt,
sondern in der
inneren Betrachtung
verarbeitet werden,
dann kommt auch wieder
eine Klarheit
in die Seele,
sie wird frei
und gibt dem
Physischen Kraft.

So sorgt
eine aufgeräumte Seele
für unser körperliches
Wohlbefinden.

Verständnis für den Nächsten

Wir können den Menschen nicht als endgültig, als eine Ganzheit ansehen.
In keinem liegt der Kern zur vollkommenen Reife.
Die Flecken an unserem Menschsein lassen keine absolute Schönheit wachsen, keine endgültige Weisheit.

Wir leben miteinander, füreinander und durch den anderen.
Es wird uns vorgelebt, und wir leben wieder vor. Wir sind nicht allein durch uns selbst eigenständig, gebildet, gelehrt, weise. Auch die anderen Menschen formen uns.

Und wenn der Mensch noch so viel Weisheit, Erfahrung und Wissen besitzt, so können wir ihn nur dann in seiner ganzen Persönlichkeit akzeptieren, wenn wir auch bereit sind, seine Fehler und Schwächen anzunehmen.

Das Frohe trägt

Du wirst für den anderen liebenswert,
wenn Liebe in dir wohnt
zu den Menschen
und den Schönheiten dieser Welt.
In dir kann nur das keimen,
wozu du bereit bist,
es auch wachsen zu lassen.
Du solltest wach sein,
um zu sehen,
zu beobachten, zu hören
und aufzunehmen.
Freude und Gleichgesinntes
machen mobil, beschwingt.
Du kannst mit Sorgen und
Belastungen besser umgehen,
wenn du ausgeglichen bist.
So wächst das Frohe,
es strahlt aus und
geht mit dem Optimismus
Seite an Seite.

Vertraue dem Leben

Warum fragst du noch:
Wo blüht das Leben,
wo ist seine Erfüllung?
Du blickst in den klaren Sonnentag,
in eine Weite, die dir
Freiheit schenken kann.
Und du beklagst dich
über die Enge.
Es stehen immer wieder
Türen offen,
und du vergehst in Gram
über die eine zugeschlagene.
Die Rosen blühen,
die Vögel singen,
die Gräser duften.
Erfreue dich
an den vielen Wundern!
Auch du bist ein Wunder
in deiner Einmaligkeit.
Sag ja zu dir selbst,
nimm dich an,
so wie du bist,
und du beginnst,
dein Leben zu lieben.

Sommerglück

Aus dem kurzen Atem der Nacht
ist die Sommerzeit erwacht,
sonnenvermählt nun das Erdenlicht,
ich lausche, wie der Tau zur Rose spricht.

Ein Zauber im wachen Blütentraum
verleiht dem neuen Tag Idylle,
und in des frühen Morgens Stille
singt die Drossel am Waldessaum.

Ich fang den Sommerzauber ein,
es schmeichelt ringsum Wohlbehagen,
pflück mir ein Stück vom Sonnenschein
und möchte Dank der ganzen Schöpfung sagen.

Ein Neubeginn

Sie durfte eine Umwandlung erfahren,
nachdem sie in die Stille gegangen war
und sich selbst erkennen konnte.
Sie sah mit den Augen des Herzens.
In der Helle des Neubeginns
ging sie auf Entdeckungsreise
und wurde aufgeschlossen für Dinge,
die sie vorher noch nicht beachtet hatte.
Die Gefühle formten neue
Gedankenweisen.
Sie verbündeten sich mit der Freude,
der Begeisterung und der Sehnsucht.
Ihr Leben wurde reich und interessant.

Bewegung des Lebens

Wie sich die Wogen
am Ufer des Meeres aufbäumen,
zurückfallen,
die schäumende Gischt sich
selbst auflöst,
wie die Wellen sich sanfter bewegen,
in ständigem Gegenschlag
zusammenkommen,
sich vereinigen
und auch voneinander weichen,
sich dann glätten,
leise spielen
und die Wasserfläche
an hellen, stillen Tagen
wie einen Spiegel
erscheinen lassen
in der mächtigen Verwandlungskunst,
so bewegt sich unser Leben,
der Wellengang
unserer Empfindungen
und Temperamente.

Wenn die Wellen der Gefühle
an der Brandung der Vernunft
nicht abbrechen könnten,
dann wären Verwüstung
und mancher Untergang
abzusehen.

Wir können das Glück nicht fassen
in dem Augenblick,
wenn es uns umgibt.
Aber wir können
Gedanken und Gefühle festhalten,
wenn sie die Wirklichkeit
verlassen haben.

Dass das Ende
immer wieder
Anfang ist,
verleiht
der Menschlichkeit
die Würde.

Es ist wichtig zu erkennen,
was dem Augenblick zusteht,
und es ihm auch zu geben.

Die großen Gefühle
werden im Sehnen
nach dem Unerreichbaren geboren.

Schon die Liebe zum Geheimnisvollen
zündet Lichter an.
Sie beleuchten alles,
was du erfahren kannst.
Und siehe, du lebst.

Ich brauche
den Abstand,
um dir nahe zu sein.

Der Alltag
trägt mich leichter,
wenn deine Sonne scheint.

Eine herrliche Erinnerung
ist wie ein Perlenfischen.
Man entdeckt
auf dem Grund der Seele
Schmuckstücke,
die das Leben zieren
und ihm eine klare Schönheit geben.

Tiefe und Weite
ganz in der Nähe,
Du und ich
sind wir.

Lebensfreude

Ich wünsche dir
die Freude am Menschsein,
den Frohsinn und Humor
und die Kunst,
manchmal über den Dingen
zu stehen.

Ich wünsche dir
von allem Guten etwas
und die Erkenntnis,
dass wir ein Ganzes
nicht besitzen können.

Ich wünsche dir,
in jedem Vorgang und Geschehen
im Leben
das Wertvolle zu finden,
denn aus einem guten Gefühl
in der Freude des Herzens
lässt es sich erst richtig leben.

Von sich überzeugt sein,
ein festes Ja zum Ich sagen:

So bin ich mit allen
meinen Unzulänglichkeiten
und auch mit
meinen guten Seiten.

Nicht immer dieses Möglichkeitsdenken.
Die Einmaligkeit des Menschen
ist wunderbar.

Wie wechselvoll ist das Leben,
so schwer und so leicht.
Trotz aller Sorgen
mach dir Platz
für die Freude
und lass sie
in dir verweilen,
damit sie oft
spürbar wird.

Versuch es mal,
die Belastungen
in deine Weiten
zu schicken,
damit sie das Grübeln
nicht erreichen kann.

Von Freiheit und
Leichtigkeit umgeben,
wird die Lebensfreude
recht nahe sein.

Lebenskunst

Wer die Tiefen der Schatten erkennt,
kann auch das wahre Licht erblicken,
wer sich von dunklen Mächten trennt,
den wird ein neuer Tag erquicken.

Wer mit Licht im Herzen
seinen Weg beschreitet,
mit frohem Mut dem Ziel entgegengeht,
von Hoffnung und Zuversicht begleitet,
der erkennt,
dass aus den Schatten
das Leben wieder aufersteht.

Nimm Vertrauen mit,
verschenke Freude, bewahre das Lachen,
denn was du gesät, erhält auch Triebe,
und du kannst aus deinem Leben
oft das Beste machen.

Verantwortung

Hätte die Verantwortung einen höheren Stellenwert sich selbst, dem Mitmenschen, den anderen Geschöpfen und den Gesetzen der Natur gegenüber, dann sähe die Welt besser aus.
Durch Bequemlichkeit und Skrupellosigkeit werden wichtige Dinge übersehen, nicht erkannt und nicht ausgeführt.

Wenn jeder das für ihn Bestimmte erfüllt, soweit es in seinen Fähigkeiten und Möglichkeiten liegt, könnte sich so viel bewegen, was zum Nutzen aller beiträgt.
Wie schön könnte die Welt aussehen, und wie gut würde sich der Mensch fühlen!

Verantwortlich sein ist Pflichterfüllung, die glücklich macht. Aus dem Muss wird freiwilliges Tun.
Und darin enthalten ist nicht nur ein Gebot, sondern auch die besondere Zugabe in unserem Leben, die Freude heißt.

Nacht,

ich mag dich, wie du bist,
dunkel und nackt
in deinem Schweigen.

Du bewahrst auf,
was ich nicht hergeben kann,
und rückst es
ein wenig zur Seite,
um mir in der Dunkelheit
auch Weite zu geben.

Du trennst das Unbegreifliche
vom Erfüllenden.

Ich atme zurückhaltender
deine stille Zeit
im aufbauenden Schweigen
und nehme unbewusst
die neuen Kräfte an.

Schenken

Du kannst Güte verschenken,
wenn du dich nach dem Schönen sehnst,

und du kannst Liebe verschenken,
wenn du dich magst.

Mit einem herzlichen Lächeln
kannst du einen Menschen erheitern
und dadurch für ihn
den ganzen Tag verwandeln.

Das Licht der Freude

Ein junger Mann, der den Sinn des Lebens suchte, hatte geträumt, ihm sei die Freude begegnet in einer schönen, lieblichen Gestalt. In der Hand hielt sie ein Licht, um alles zu beleuchten, worüber sich der Mensch freuen kann.
Dieses Licht erhellte Blumen und Landschaften, Liebe und Freundschaften, das Lachen und das Staunen.

Der Mann war verzaubert von der Frau, die den Menschen die Freude lehrte. Und er sah, dass viele gekommen waren, um den Wert des Lebens zu finden.

Alle Menschen, die es lernten, sich wieder zu freuen, wurden schöner, weiser, fröhlicher und bekamen mehr Mut, das Leben zu meistern.

Freude

Das Schöne erfreut uns.

Alles Freuen ist subjektiv.
Was der eine als wirklich schön betrachtet,
ist für den anderen relativ.

Freude treibt den Kreislauf an. Sie macht
Purzelbäume und Luftsprünge des
Herzens und verhilft zu Gesundheit.

Die stillen Freuden, die oft angenehmen
Gewohnheiten und einer inneren
Ausgeglichenheit entspringen,
beglücken und bereichern.

Was nützt ein wacher Verstand, wenn das
Herz verschlossen ist?
Er erkennt zwar vieles, bewahrt es aber in
einem nüchternen Bereich auf.
Das ist wie eine Landschaft ohne Licht, wie
ein Raum ohne Wärme, wie eine
Pflanze ohne Blüte.

Freude ist Knospe und Frucht zugleich.

Wenn du dich
zum Schönen
hingezogen fühlst,
spürst du,
dass das Besondere
nur geschenkt werden kann,
wenn du dafür
geöffnet bist.

Das Herz wird singen,
wenn es Liebenswertes
sehen und erfassen kann;
diese Schwingungen
machen so leicht,
verleihen Freiheit.

Die Stunden werden
lebendig und glanzvoll,
wenn die Sehnsucht sie beleuchtet.

Wie wichtig ist es,
unser inneres Lämpchen
aus Freude und Begeisterung
auch nach außen
strahlen zu lassen.

Ich mag diese Sternstunden
der Seele,
wenn sie mir
den Freiraum geben,
meine Empfindungen auszugießen
und mich durch das Hergeben
wieder bereichern.

Natürlichkeit nicht leben zu können,
führt zum Verdrängen
des Lebendigen.

Träume

Träume sind:

Lust auf etwas zu haben,
zu dem die Wirklichkeit
nicht ja sagen kann.

Sie sind unser Leben begleitende,
liebenswerte Zugaben,
individuell
fern jeder Manipulation.

Träume sind Bewegung
und Motor für die Psyche,
Lichterketten
In kalten,
undurchsichtigen Nächten.

An die Seele

Seele, führe du die Sehnsucht weit,
erhelle sie, das Wahre zu ergründen,
an dich gebunden, bringt sie Leid,
von dir gelöst, kann sie das Rechte finden.

Die Enge hält das Leben still,
und wenn du eingesperrt in Grübeln,
verliert sich manches gut Gefühl,
willst du dich, Seele, selbst betrügen?

So lass mich denn in deinen Weiten leben,
verleih mir Freiheit, Einsicht und Begreifen,
schenk mir das Staunen und das Sehnen,
lass mich aufstehn, wachsen reifen.

Licht

In jeder Wahrheit
lebt das Licht,
in großen und in kleinen Dingen,
hier brennt es stark,
dort scheint es schlicht,
wie oft kann es
Verlorenes wiederbringen.

Licht fließt
in einem Meer von Sonnenstrahlen
und breitet wundersam
sein Leuchten aus,
Licht kann dir
heitere Stimmung malen,
es treibt den Pessimismus aus.

Licht ist Suchen,
Erforschen, Begreifen,
mit ihm kann
das Erkennen reifen.
Wer dem Leben traut,
wird Licht anzünden,
in Hoffnung weitergehn,
selbst durch unwegsame Gründe.

Licht ist Liebe
in einer trostlosen Welt,
Licht ist Gnade,
die ein Volk zusammenhält.
Es sei den Menschen
viel Licht beschieden,
denn mit dem Licht
kommt auch der Frieden.

Kerzenschein

In der Stille dieser Dunkelheit
steht schon ein kleines Licht bereit.
Es schenkt dem Raum ein sanftes Bild,
die Kerzen leuchten warm und mild.

Drum zündet viele Lichter an
in eurem Wünschen, Träumen, Sehnen;
wer hoffen, lieben, staunen kann,
wird schon im kleinsten Licht
die Welt verwandelt sehen.

Ein Licht für Dich

Du kamst nach Hause, die Wohnung war leer, doch das Licht brannte. Am nächsten Morgen sagtest du mit einem kleinen Vorwurf, ich hätte vergessen, das Licht auszuschalten.

Ich hatte es mit Absicht angelassen für dich, für dein Nachhausekommen, damit dein Heim dich an jenem trüben Abend mit Licht empfangen, dir hell und wohlig zuwinken sollte:
Komm, tritt gerne ein!
Du hattest gewusst, dass ich an diesem Abend nicht da war.

Als du beim Heimkehren das Licht erblicktest, durchzuckte dich ein froher Gedanke: sie könnte schon zurück sein.

Und in deiner Enttäuschung schriebst du auf einen kleinen Zettel: Du hast vergessen, das Licht auszuschalten.

Die Zeit

Wir meinen,
uns fehlt die Zeit
für so viel Wesentliches.

Dabei erledigt sie
als erkannte Rarität
und wertvolles Gut
in Verschwendungssucht
Überflüssigkeiten.

Der Zeit vertrauen

Die Zeit geht mit uns und wir mit ihr.

Ob wir sie gewinnen oder verlieren, das liegt an uns.
Wir sollten uns nicht von den Anforderungen und der Zeit treiben lassen, sondern bewusst den Ablauf erleben im Empfinden des Geschenkten und im Optimismus auf die Änderung des Belastenden.
Selbst Dinge, in die wir hineingedrängt werden, die außerhalb unserer Einteilung und Absicht liegen, können unerwartet Gewinn bringen.

Ein Mensch, der in seine Zeit Vertrauen setzt, dem wird sie nicht zur Enge und auch nicht zur abschüssigen Strecke, auf der sie gejagt und vertrieben wird.
Wenn wir in der Zeit einen weiten Raum erkennen, brauchen wir nicht zu hetzen.
Glücklich der Mensch, der die Zeit richtig ausfüllen und sie dadurch erfüllen kann.

Ein kleines Rezept zum Einschlafen

Wie entspannend ist es, Angenehmes mit ins Bett zu nehmen. Sei es ein schönes Erleben vom Tag, die Zärtlichkeit eines Kindes, eine unerwartete Freundlichkeit, eine Erinnerung, ein schönes Vorhaben für den nächsten Tag, ein gutes Gedicht, einen aufmunternden Text.

Ab und zu
gehört auch gutes Zureden
für sich selbst dazu.

Sorgen und Ärger
schon vor dem Bett abstreifen
und erst am nächsten Tag
wieder aufheben.

Mit schönen Gedanken
sich wohlig einkuscheln.

Dem lieben Gott danken für den Tag
und sich selbst einfach sagen,
auch wenn's manchmal schwerfällt:

Wie gut geht es mir!

Optimismus

Ein optimistischer Mensch ist tiefgründig, kennt das Leben mit seinen Höhen und Tiefen. Optimismus wäre nicht vorhanden, wenn das Leben nur Sonnenseiten hätte.

Optimistisch sein heißt auch, aus dem Belastenden heraus das Beste zu sehen, auf eine Änderung der Situation zu hoffen und während des Ganges auf der steilen, mühsamen Strecke sich schon auf eine gute Ankunft zu freuen.

Ein optimistischer Mensch ist heiter, zuversichtlich, will sich immer wieder hochziehen und engagieren.
Er hört nie auf zu hoffen.

Und wenn es so scheint, dass ihm alles die Hoffnung nähme, ist er zwar sehr betrübt und kann tief trauern.
Aber in diesen Situationen wächst er und wendet sich Neuem zu.

Ein optimistischer Mensch gibt nie auf.

Ich möchte die Poesie streicheln,

weil die mit gutem Geist
eingepackten Empfindungen
so liebenswert sind.

Informationen des Verlags:

www.edition-wort.de

verlag@edition-wort.de